ඩිඩාකේ
The Didache in Sinhala

I0528513

THE DIDACHE

Translated by Charles H. Hoole

2024

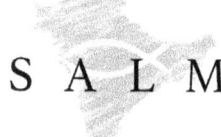

S A L M

SouthAsiaLutheranMission.com

ඩිඩාකේ

1 වන පරිච්ඡේදය

1:1 මාර්ග දෙකක් ඇත, එකක් ජීවනයේ මාර්ගය සහ අනෙක මරණයේ මාර්ගය වන අතර මෙම මාර්ග දෙක අතර වෙනස ඉතාම විශාලය.

1:2 ජීවනයේ මාර්ගය මෙයයි පළමුව, ඔබ නිර්මාණය කළ දෙවියන් වහන්සේට ප්‍රේම කරන්න, ඔබට මෙන් ඔබේ අසල්වැසියාට ප්‍රේම කරන්න, එසේම ඔබට කරනවාට අකමැති සියල්ල ඔබ තවත් කෙනෙකුට නොකරන්න.

1:3 එසේ මෙම කියමන්වල ධර්ම නියාමක පහත පරිදි වේ. ඔබට ශාප කරන අයට ආශිර්වාද කරන්න, ඔබේ සතුරන් උදෙසා යාච්ඤා කරන්න. ඔබට පීඩා කරන්නන් උදෙසා නිරාහාරව සිටින්න; ඔබට ප්‍රේම කරන අයටම ඔබ ප්‍රේම කරන්නෙහි නම් එයින් වන ස්තුතිය කුමක්ද? විජාතීන් පවා එසේ කරන්නේ නැද්ද? එහෙත් ඔබට වෛර කරන්නන්ට ඔබ ප්‍රේම කරන්න, එවිට ඔබට සතුරෙකු නොසිටිනු ඇත.

1:4 මාංසික හා ලෞකික ආශාවන්ගෙන් වළකින්න. යමෙකු ඔබේ දකුණු කම්මුලට පහරක් ගැසුවොත්, ඔහුට අනික් කම්මුලද හරවන්න, එවිට ඔබ පරිපූර්ණ වනු ඇත. යමෙකු ඔබට එක සැතපුමක් යන්නට බල කරන්නේ නම්, ඔහු සමග සැතපුම් දෙකක් යන්න; යමෙකු ඔබේ සළුව ගන්නේ නම්, ඔබේ කබායද ඔහුට දෙන්න. මිනිසෙකු ඔබට අයිති දෙයින් යමක් ඔබෙන් ගත්තොත්, එය නැවත නොඉල්ලන්න, මන්ද ඔබට එසේ කළ නොහැකි බැවිනි.

1:5 තමාගේම ත්‍යාගවලින් සියල්ලන්ටම දීමට පියාණන් වහන්සේ කැමති වන බැවින් ඔබෙන් ඉල්ලන සෑම කෙනෙකුටම දෙන්න, ඒවා නැවත නොඉල්ලන්න. ආඥාව අනුව දෙන තැනැත්තා භාග්‍යවන්තය, මක්නිසාද ඔහු වරදින් නිදහස් වී සිටියි. එහෙත් ත්‍යාග පිළිගන්නාට දුක් වේ. මක්නිසාද යමක් ලබා ගන්නා මනුෂ්‍යයෙකුට අගහිඟකම් තිබේ නම්, ඔහු වරදින් නිදහස් වන්නේය. එහෙත් අවශ්‍යතාවක් නොමැති විට ලබා ගන්නා තැනැත්තා, ඔහුට එය ලැබුණේ මන්ද එසේම කුමන අරමුණක් සඳහාද යන්න සම්බන්ධයෙන් දඬුවමක් විඳිය යුතුය. ඔහු පීඩාවට පත් වූ විට, ඔහු කළ දේවල් ගැන පරීක්ෂාවට ලක් කරනු ලබන අතර, ඔහු අවසාන මුදල ගෙවන තුරු එතැනින් නොයනු ඇත.

1:6 මන්ද, මේ කාරණා සම්බන්ධයෙන් පවසා ඇති සත්‍යය මෙයය, ඔබ යමක් ලබා දුන්නේ කාටදැයි ඔබ දැන ගන්නා තුරු ඔබ දෙන දේ ඔබේ අතේ ම තබා ගන්න.

2 වන පරිච්ඡේදය

2:1 එහෙත් ඉගැන්වීමේ දෙවන ආඥාව මෙය වේ.

2:2 ඔබ මිනී නොමරන්න; කාමමිථ්‍යාචාරය නොකරන්න; ඔබ යෞවනත්වය දූෂණය නොකරන්න; වේශ්‍යාකම් නොකරන්න; සොරකම් නොකරන්න; පේනකීම් නොකරන්න; මන්ත්‍ර ගුරුකම් නොකරන්න; ගබ්සාවකින් දරුවෙකු නොමරන්න, ඉපදුණු විට ද ඔහු නොමරන්න. ඔබේ අසල්වැසියාගේ භාණ්ඩවලට ආශා නොකරන්න.

2:3 බොරු නොකියන්න. බොරු සාක්ෂි නොකියන්න. නපුරු කතා නොපවසන්න. ද්වේෂ නොකරන්න;

2:4 ඔබ දෙබිඩි මනසක් හෝ දෙබිඩි දිවක් ඇතිව නොසිටින්න, මන්ද දෙබිඩි දිව යනු මරණයේ උගුලකි.

2:5 ඔබේ කථාව අසත්‍ය හෝ හිස් කථාවක් නොවිය යුතුය, එහෙත් එය ක්‍රියාව සමගින් ගැළපිය යුතුය.

2:6 ඔබ තණ්හාධික හෝ කෑදර හෝ කුහක හෝ ද්වේෂසහගත හෝ උඩඟු අයෙකු නොවිය යුතුය. ඔබේ අසල්වැසියාට විරුද්ධව නපුරු උපායක් නොයෙදිය යුතුය.

2:7 ඔබ කිසිම මිනිසෙකුට වෛර නොකරන්න, එහෙත් ඇතැම් අය ප්‍රතික්ෂේප කළ යුතුය, ඔබ සමහර අය ගැන යාච්ඤා කරන්න, එසේම තවත් සමහර අයට ඔබ ඔබේම ප්‍රාණයට වඩා ප්‍රේම කරන්න.

———————»——«———————

3 වන පරිච්ඡේදය

3:1 මාගේ දරුව, නපුරු සෑම දෙයකින්ම සහ ඒ හා සමාන සෑම දෙයකින්ම ඉවතට පළා දුවන්න.

3:2 කෝප නොවන්න, උදහස ඝාතනයට මඟ පාදයි. ඊර්ෂ්‍යා නොකරන්න, වාද නොකරන්න, දබර නොකරන්න, මන්ද මේ සියල්ලෙන් ඝාතනය සිදු වේ.

3:3 මගේ දරුව, තෘෂ්ණාධික නොවන්න, මන්ද තෘෂ්ණාව වේශ්‍යකමට මඟපාදයි. නරක කතා කියන්නෙකු නොවන්න; උඩඟු නොවන්න. මක්නිසාද මේ සියල්ලෙන් කාමමිථ්‍යාචාරය පැමිණෙන බැවිනි.

3:4 මාගේ දරුව, නිමිති බැලීම රූප වන්දනාවට මගපාදන බැවින් නිමිති බලන්නෙකු නොවන්න, මන්ත්‍ර ගුරුකම් සිදු කරන්නෙකු හෝ ජ්‍යෝතිශ්ශාස්ත්‍රඥයෙකු හෝ සංචාරක පවිත්‍ර කරන්නෙකු හෝ මේ දේවල් දැකීමට ආශා කරන අයෙකු හෝ නොවන්න. මන්ද මේ සියල්ලෙන් රූප වන්දනාව ඇති වේ.

3:5 මාගේ දරුව, බොරුකාරයෙකු නොවන්න. මන්ද බොරු කීම සොරකමට මගපාදන්නේය. තණ්හාව ඇති අයෙකු හෝ අහංකාර අයෙකු නොවන්න, මන්ද මේ සියල්ලෙන් සොරකම් සිදු වේ.

3:6 මාගේ දරුව, මැසිවිලි නගන්නෙකු නොවන්න, මන්ද එය අපහාසයට මගපාදන්නේය. තමාගේම කැමැත්ත කරන්නෙකු හෝ නපුරු අදහස් ඇති අයෙකු නොවන්න. මන්ද මේ සියල්ලෙන් දේවඅපහාසය උපදවන බැවිනි.

3:7 එහෙත් ඔබ මොළොක් ගුණ ඇත්තෙකු වන්න. මන්ද මොළොක් ගුණ ඇති අය පොළොව උරුම කර ගනු ඇත.

3:8 ඔබ බොහෝ ඉවසිලිවන්ත, දයානුකම්පිත, හානිකර නොවන, සාමකාමී, සහ යහපත්, එමෙන්ම ඔබ අසා ඇති වචනවලට සැම විටම බිය වන අයෙකු වන්න.

3:9 ඔබ ඔබම උසස් කර නොගත යුතුය, ඔබේ ආත්මය තුළ නිර්භීතකම ඇති කර නොගන්න. ඔබේ ආත්මය අහංකාර අය සමග සම්බන්ධ කර නොගන්න, එහෙත් ඔබ ධර්මිෂ්ඨ හා යටහත් පහත් අය සමග ගමන් කරන්න.

3:10 දෙවියන් වහන්සේ නොමැතිව කිසිවක් සිදු නොවන බව දැනගෙන, ඔබට සිදු වන කාරණා යහපත් ඒවා ලෙස පිළිගන්න.

——————»——«——————

4 වන පරිච්ඡේදය

4:1 මාගේ දරුව, ඔබට දෙවියන් වහන්සේගේ වචනය කථා කරන තැනැත්තා රාත්‍රියේදීද දිවා කාලයේදීද සිහිකරන්න. ඔබ ස්වාමීන් වහන්සේට මෙන් ඔහුට ගෞරව කරන්න. මක්නිසාද ස්වාමීන් වහන්සේගේ ඉගැන්වීම් දෙන තැන ස්වාමීන් වහන්සේ වැඩවාසය කරන සේක;

4:2 ඔබ ශුද්ධවන්තයන්ගේ වචනවල විවේකය ලබන පිණිස ඔවුන්ගේ අනුග්‍රහය දිනපතා සොයන්න.

4:3 ඔබ භේදයට ආශා නොකරන්න, එහෙත් වාද කරන අය සමාදනයට පත් කරන්න. ඔබ ධර්මිෂ්ඨ ලෙස විනිශ්චය කරන්න. ඔබ කිසිවකුගේ වරදක් සම්බන්ධයෙන් තවත් කෙනෙකු වරදකරු කිරීමට ඔහු නොපිළිගත යුතුය.

4:4 ඔබ යම් දෙයක් සිදු වේද නැද්ද යන්න ගැන සැක නොකරන්න.

4:5 ලබා ගැනීම පිණිස සහ දීමේදී එය ආපසු ලබා ගැනීම පිණිස ඔබේ අත දිගු කරන්නෙකු නොවන්න.

4:6 ඔබට තිබේ නම්, ඔබේ පව් සඳහා මිදීමක් වන පිණිස එය ඔබේ අතින් දෙන්න.

4:7 ඔබ දීමට සැක නොකළ යුතුය, එසේම දෙන විට මැසිවිලි නැඟීම ද නොකළ යුතුය. මන්ද විපාක දෙන සාධාරණ තැනැන් වහන්සේ කවුරුන්ද යන්න ඔබ දැනගත යුතු බැවිනි.

4:8 ඔබ අවශ්‍යතා ඇති තැනැත්තා වෙතින් ඉවතට නොහැරිය යුතුය, එහෙත් ඔබේ සහෝදරයා සමග සෑම දෙයකදීම බෙදගත යුතුය, එසේම දේවල් ඔබේම යැයි නොපවසන්න. මන්ද ඔබ අමරණීය දෙයෙහි හවුල්කරුවන් වන්නහු නම්, එයට කොපමණ වැඩියෙන් මරණීය දේවල හවුල්කරුවන් නොවන්නහුද?

4:9 ඔබ ඔබේ පුත්‍රයාගෙන් හෝ ඔබේ දුවගෙන් ඔබේ හදවත ඉවත් කර නොගත යුතුය, එහෙත් ඔවුන්ගේ කුඩා කාලයේ සිටම ඔවුන්ට දෙවියන් වහන්සේ කෙරෙහි භය වීම උගන්වන්න.

4:10 ඔබ මෙන්ම එකම දෙවියන් වහන්සේ ගැන බලාපොරොත්තු වන ඔබේ සේවකයාට හෝ ඔබේ දාසියට තිත්තකමෙන් අණ නොකරන්න. මන්ද ඔබ දෙදෙනාටම ඉහළින් සිටින ප්‍රතිඵල දෙන දෙවියන් වහන්සේට ඔවුන් බිය නොවනු ඇත. මන්ද ආත්මයාණන් වහන්සේ විසින් සූදනම් කළ අයට මිස තරාතිරම් බැලීමක් සහිතව උන් වහන්සේ ක්‍රියා නොකරන බැවිනි.

4:11 එසේම සේවකයන් වන ඔබ ඔබගේ ස්වාමිවරුන්ට ගෞරවයෙන් හා භීතියෙන් යුතුව, දෙවියන් වහන්සේගේ ප්‍රතිරූපාදර්ශයක් ලෙස සලකා ඔවුන්ට යටත් විය යුතුය.

4:12 ඔබ සියලු කුහකකමට සහ දෙවියන් වහන්සේ අකමැති සෑම දෙයකටම වෛර කරන්න.

4:13 ඔබ ස්වාමින් වහන්සේගේ ආඥා අත් නොහරින්න, එහෙත් ඔබට ලැබී ඇති ආඥාවලට එකතු කිරීමක් හෝ එයින් කිසිවක් අඩු කිරීමක් හෝ නොකර ඒවා පිළිපදින්න.

4:14 ඔබ සභාව තුළදී ඔබේ වැරදි පාපෝච්චාරණය කරන්න, නපුරු හෘදයසාක්ෂියක් ඇතිව යාච්ඤාවට නොපැමිණෙන්න. මෙය ජීවනයේ මාර්ගය වේ.

5 වන පරිච්ඡේදය

5:1 එහෙත් මරණයේ මාර්ගය මෙයයි. පළමුවෙන්ම, එය නපුරුය, ශාපයෙන් පිරී ඇත; එසේම එහි මිනීමැරීම්, කාමමිථ්‍යාචාරකම්, තෘෂ්ණාව, වේශ්‍යාකම්, සොරකම්, රූප වන්දනාව, සාස්තර බැලීම්, මන්තර ගුරුකම්, මංකොල්ලකෑම්, බොරු සාක්ෂි කීම, කුහකකම්, දෙබිඩි බව, කපටිකම, උඩඟුකම, ද්‍රෝහිකම, තමාගේම කැමැත්ත කිරීම, ගිජුකම, කැත කතා කීම, ඊර්ෂ්‍යාව, නිර්භීතව වැරදි කිරීම, අහංකාරය, ආඩම්බරකම ආදිය දක්නට ඇත.

5:2 යහපත් දෙයට, අයට පීඩා කරන බොරු කීමට ප්‍රේම කරන, ධර්මිෂ්ඨකමේ විපාකය නොදැන සිටීම, යහපතට හෝ ධර්මිෂ්ඨ විනිශ්චයට එකඟ නොවීම, යහපතට නොව අයහපතට ඇලුම් කිරීම, මෘදුකම සහ ඉවසීම නැති,

නිෂ්ඵල දේවලට ඇලුම් කිරීම, විපාක පසුපස හඹා යෑම, අගහිඟකම් ඇති අය කෙරෙහි අනුකම්පාවක් නොදැක්වීම, කරදරයක සිටින තැනැත්තා වෙනුවෙන් වෙහෙස නොගැනීම, ඔවුන් මැවූ තැනැන් වහන්සේ නොදැන සිටීම, දරුවන් මරා දමන්නන්, දෙවියන් වහන්සේගේ ස්වරූපය දූෂිත කරන්නන්, අවශ්‍යතා ඇති තැනැත්තාගෙන් හැරී යන්නන්, කරදරයට පත් වූවන්ට පීඩා කරන්නන්, දුප්පතුන් අසාධාරණ ලෙස විනිශ්චය කරන්නන්, සෑම දෙයකදීම වැරදි කරන්නන් සිටියි. දරුවෙනි, මේ සියල්ලෙන් ඔබ මිදෙන්න.

6 වන පරිච්ඡේදය

6:1 කිසිවෙකුත් මෙම ධර්ම නියාමකයේ මාර්ගයෙන් ඔබ වැරදි මාර්ගයට නොගන්නා ලෙස වගබලාගන්න, මන්ද එසේ කරන තැනැත්තා දෙවියන් වහන්සේගෙන් වෙන්ව ඔබට උගන්වන්නේය.

6:2 ඔබට ස්වාමීන් වහන්සේගේ සම්පූර්ණ වියගහ දරා ගැනීමට හැකි නම්, ඔබ පරිපූර්ණ වනු ඇත. එහෙත් ඔබට එය කළ නොහැකි නම්, ඔබට කළ හැකි දේ කරන්න.

6:3 එහෙත් මස් සම්බන්ධයෙන් නම්, ඔබට කළ හැකි දේ දරාගන්න. එහෙත් පිළිමවලට පූජා කරන දේවලින් පරිස්සම් වන්න, මන්ද එය නිරයේ දෙවිවරුන්ට නමස්කාර කිරීම හා සමාන වේ.

7 වන පරිච්ඡේදය

7:1 එහෙත් බෞතීස්මය සම්බන්ධයෙන් නම්, මෙලෙස බෞතීස්ම කරන්න: මේ සියලු ආඥා පද මුලින්ම කියවා, පියාණන් වහන්සේ, පුත්‍රයාණන් වහන්සේ, සහ ශුද්ධාත්මයාණන් වහන්සේගේ නාමයෙන් ගලා යන ජලයෙන් බෞතීස්ම කරන්න;

7:2 එහෙත් ඔබට ගලා යන ජලය නොමැති නම්, වෙනත් ආකාරයක ජලයෙන් බෞතීස්ම කරන්න, ඔබට සීතල, ජලයෙන් බෞතීස්ම කළ නොහැකි නම් උණුසුම් ජලයෙන් බෞතීස්ම කරන්න;

7:3 එහෙත් ඔබට කිසිවක් නොමැති නම්, පියාණන් වහන්සේ, පුත්‍රයාණන් වහන්සේ, සහ ශුද්ධාත්මයාණන් වහන්සේගේ නාමයෙන් හිස මතට තුන් වරක් වතුර වත් කරන්න.

7:4 එහෙත් බෞතීස්මයට පෙර, බෞතීස්ම කරන තැනැත්තා සහ බෞතීස්ම ලබන තැනැත්තා පූර්වයෙන් නිරාහාරව සිටින්න. එසේම හැකි වෙනත් ඕනෑම අයෙකු නිරාහාරව සිටින්න. තවද බෞතීස්ම ලබන තැනැත්තාට බෞතීස්මයට පෙර දිනක් හෝ දෙකක් නිරාහාරව සිටීමට ඔබ අණ කළ යුතුය.

8 වන පරිච්ඡේදය

8:1 එහෙත් ඔබේ උපවාසය සම්බන්ධයෙන් නම්, ඔවුන් කෛරාටිකයින් සමග නොසිටින පිණිස වගබලාගන්න, මන්ද ඔවුන් සතියේ දෙවන හා පස්වන දින උපවාස කරන බැවිනි, එහෙත් ඔබ හතරවන සහ හයවන දිනවල උපවාස කරන්න.

8:2 ඔබ කෛරාටිකයින් මෙන් යාච්ඤා නොකරන්න, එහෙත් ස්වාමීන් වහන්සේ සිය ශුභාරංචියේ ඔබට අණ කර ඇති පරිදි ඔබ යාච්ඤා කරන්නඃ ස්වර්ගයෙහි වැඩසිටින අපගේ පියාණෙනි, ඔබගේ නාමයට ගෞරව වේවා. ඔබගේ රාජ්‍යය පැමිණේවා. ඔබගේ කැමැත්ත ස්වර්ගයෙහි මෙන් පොළොවෙහිද කරනු ලැබේවා. අපගේ දිනපතා ආහාරය අද අපට දුන මැනව අපගේ ණයගැතියන්ට අප කමා කරන්නාක් මෙන් අපගේ ණයද අපට කමා කළ මැනව. අප පරීක්ෂාවට නොපමුණුවා, නපුරෙන් අප ගලවාගත මැනවඃ මක්නිසාද බලය සහ මහිමය සදහටම ඔබ සතුය.

8:3 දිනකට තුන් වරක් ඔබ මේ ආකාරයෙන් යාච්ඤා කරන්න.

9 වන පරිච්ඡේදය

9:1 එහෙත් දිව්‍ය පූජාව සම්බන්ධයෙන් නම්, මෙසේ කිරීමෙන් පසුව ඔබ ස්තුති කරන්න.

9:2 පළමුව, කුසලාන සම්බන්ධයෙන් නම්, අපගේ පියාණන් වහන්ස, ඔබගේ පුත්‍රයා වන යේසුස් ක්‍රිස්තුන් වහන්සේ කරණකොටගෙන ඔබ අපට දන්වන ලද ඔබේ පුත්‍රයා වන දාවිත්ගේ ශුද්ධ මිදි වැල ගැන අපි ඔබට ස්තූතිවන්ත වෙමු. ඔබට සදහටම මහිමය වේවා!

9:3 එසේම කඩනු ලැබූ රොටි සම්බන්ධයෙන් නම්, අපගේ පියාණන් වහන්ස, ඔබගේ පුත්‍රයා වන යේසුස් වහන්සේ තුළින් ඔබ අපට දන්වා ඇති ජීවිතය සහ දැනුම ගැන අපි ඔබට ස්තූතිවන්ත වෙමු. ඔබට සදහටම මහිමය වේවා!

9:4 මෙම කැඩුණු රොටි වරක් කඳු මත විසිරී ගොස්, පසුව එය එකට රැගෙන ආ පසුව එකක් බවට පත් වූවාක් මෙන්ම, ඔබේ සභාව පොළොවේ කෙළවරේ සිට ඔබේ රාජධානිය දක්වා එක්රැස් කරනු ලැබේවා. මන්ද, යේසුස් ක්‍රිස්තුන් වහන්සේ කරණකොටගෙන සදාකාලයටම මහිමයත් බලයත් ඔබ සතුය.

9:5 ඔබේ දිව්‍ය සත්ප්‍රසාදය ස්වාමින් වහන්සේගේ නාමයට බෞතීස්ම වූ අය මිස, වෙනත් කිසිවෙකුට කන්නට හෝ බොන්නට ඉඩ නොදෙන්න. සත්‍යයක් ලෙස ස්වාමින් වහන්සේ මේ ගැන පවසා ඇත: ශුද්ධ වූ දේ බල්ලන්ට නොදෙන්න.

10 වන පරිච්ඡේදය

10:1 එහෙත් එය අවසන් වූ පසුව, මෙසේ යාච්ඤා කරන්න.

10:2 ශුද්ධ වූ පියාණෙනි, ඔබ අපගේ හදවත් තුළ වාසය කිරීමට හේතු වූ ඔබගේ ශුද්ධ නාමය නිසා සහ ඔබ ඔබේ පුත්‍ර වූ යේසුස් වහන්සේ මාර්ගයෙන් අපට දන්වා ඇති දැනුම සහ ඇදහිල්ල සහ අමරණීයභාවය නිසා අපි ඔබට ස්තුතිවන්ත වෙමුව. ඔබට සදහටම මහිමය වේවා!

10:3 සර්වබලධාරී ස්වාමියාණෙනි, ඔබ වහන්සේ ඔබගේ නාමය උදෙසා සියල්ල නිර්මාණය කර, ආහාර සහ පානය යන දෙකම මිනිසුන්ට භුක්ති විඳීමට ලබා දී ඇති බැවින්, අපි ඔබට ස්තුති කළ යුතු වෙමුව. එහෙත් ඔබ ඔබේ පුත්‍රයා තුළින් අපට ආත්මික ආහාර සහ පානය ලබා දුන්නා සහ සදාකාල ජීවනය ලබා දී ඇති සේක.

10:4 සියල්ලටම වඩා, ඔබට ගැළවීමට ඇති හැකියාව නිසා අපි ඔබට ස්තුතිවන්ත වෙමු. ඔබට සදහටම මහිමය වේවා!

10:5 ස්වාමින් වහන්ස, ඔබ වහන්සේගේ සභාව සිහි කළ මැනව, සෑම නපුරකින්ම එය මුදා ගැනීමටත්, ඔබේ ආදරයෙන් එය සම්පූර්ණ කිරීමටත්, සතර දිශාවෙන් එය රැස් කර ගැනීමටත්, ඔබ ඒ සඳහා සූදනම් කර ඇති ඔබේ රාජ්‍යය සඳහා විශුද්ධ කර ඇති දේ සිහි කළ මැනව. මන්ද රාජ්‍යයද මහිමයද සදාකාලයටම ඔබගේය.

10:6 අනුග්‍රහය පැමිණේවා, මේ ලෝකය පහව යාවා. දාවිත්ගේ පුත්‍රයාට හෝසන්නා වේවා. යමෙකු ශුද්ධ නම්, ඔහු (දිව්‍ය පූජාව ගැනීමට) පැමිණේවා; යමෙකු ශුද්ධ නැති නම්, ඔහු පසුතැවිලි වේවා. මරනාතා. ආමෙන්.

10:7 එහෙත් අනාගතවක්තෘවරුන්ට ඔවුන් එසේ කිරීමට කැමති තාක් දුරට ස්තුති කරන්න.

11 වන පරිච්ඡේදය

11:1 ඒ නිසා කවුරුන් හෝ පැමිණ ඉහත සඳහන් කළ මේ සියල්ල ඔබට උගන්වන්නේ නම්, ඔබ ඔහු පිළිගන්න.

11:2 එහෙත් ගුරුවරයාම හැරී ඔබ යටපත් කිරීමට වෙනත් ධර්ම නියාමකයක් උගන්වන්නේ නම්, ඔහුට සවන් නොදෙන්න. එහෙත් ඔහු පැමිණෙන්නේ ඔබේ ධර්මිෂ්ඨකමට සහ ස්වාමින් වහන්සේ පිළිබඳ දැනුමට යමක් එකතු කිරීමට නම්, ස්වාමින් වහන්සේ ලෙස ඔහු පිළිගන්න.

11:3 එහෙත් ප්‍රේරිතයන් සහ අනාගතවක්තෘවරුන් සම්බන්ධයෙන් නම්, ඔබ ශුභාරංචියේ ධර්ම නියාමකය අනුව කටයුතු කරන්න.

11:4 ඔබ වෙත පැමිණෙන සෑම ප්‍රේරිතයෙක්ම ස්වාමින් වහන්සේ ලෙස පිළිගනු ලැබේවා.

11:5 ඔහු එක් දිනක් නවතිනු ඇත. අවශ්‍ය නම් ඔහු දෙවන දිනයේත් නවතිනු ඇත; එහෙත් ඔහු දින තුනක් සිටියහොත් ඔහු බොරු අනාගතවක්තෘවරයෙකි.

11:6 අපෝස්තුළුවරයා පිටත්ව යන විට ඔහුගේ විවේක ස්ථානයට පැමිණෙන තෙක් රොටි හැර වෙන කිසිවක් නොගත යුතුය. එහෙත් ඔහු මුදල් ඉල්ලුවොත් ඔහු බොරු අනාගතවක්තෘවරයෙකි.

11:7 ආත්මයෙන් කථා කරන කිසිම අනාගතවක්තෘවරයෙකු පරීක්ෂාවට ලක් කිරීම හෝ වාද කිරීම ඔබ නොකළ යුතුය. මන්ද, සෑම පාපයකටම සමාව දෙනු ලැබේ, එහෙත් මෙම පාපයට සමාව නොලැබේ.

11:8 එහෙත් ආත්මයෙන් කතා කරන සෑම කෙනෙකුම අනාගතවක්තෘවරයෙකු නොවේය, එහෙත් ස්වාමින් වහන්සේගේ ආකල්පය ඇති තැනැත්තා අනාගතවක්තෘවරයෙකි. එබැවින් ඔවුන්ගේ ස්වභාවය අනුව බොරු අනාගතවක්තෘ සහ සැබෑ අනාගතවක්තෘ හඳුනාගනු ලැබේ.

11:9 තවද, ආත්මයෙන් අණ කරන සෑම අනාගතවක්තෘවරයෙකුටම කෑම මේසයක් පිළියෙළ කළ යුතුය. එය ඔහුම අනුභව නොකළ යුතුය, එහෙත් ඔහු එසේ කරන්නේ නම්, ඔහු බොරු අනාගතවක්තෘවරයෙකි.

11:10 සත්‍යය උගන්වන සෑම අනාගතවක්තෘවරයෙකුම, ඔහු උගන්වන දේ නොකරන්නේ නම්, ඔහු බොරු අනාගතවක්තෘවරයෙකි.

11:11 එසේම යහපත් යයි පිළිගන්නා ලද සහ සත්‍ය වූ සහ සභාවේ දෘශ්‍ය අබිරහසෙහි සේවය කරන සෑම අනාගතවක්තෘවරයෙකුම, තමා කරන දේවල් කිරීමට අන් අයට උගන්වන්නේ නැත්නම්, ඔබ විනිශ්චය නොකරන්න, මක්නිසාද යත් දෙවියන් වහන්සේ ඔහු විනිශ්චය කරන සේක. මක්නිසාද පුරාණ අනාගතවක්තෘවරුන්ද මේ ආකාරයෙන්ම සිදු කළ නිසාය.

11:12 එහෙත් කවුරුන් හෝ මට මුදල් දෙන්න, හෝ එවැනි දේවල් ආත්මයෙන් කියන්නේ නම්, ඔහුට සවන් නොදෙන්න. එහෙත් අවශ්‍යතා ඇති අන් අයට දිය යුතු බව ඔහු ඔබට කීවොත් කිසිවෙකු ඔහු විනිශ්චය නොකරන්න.

12 වන පරිච්ඡේදය

12:1 ස්වාමින් වහන්සේගේ නාමයෙන් පැමිණෙන සෑම කෙනෙකුම පිළිගනු ලැබේවා, එහෙත් පසුව ඔබ ඔහු පරීක්ෂා කර බලා ඔහුගේ චරිතය දැනගත යුතුය, මන්ද ඔබට හොඳ සහ නරක යන දෙකම ගැන දැනුමක් ඇති නිසාය.

12:2 පැමිණෙන පුද්ගලයා ඈත සිට එන අයෙකු නම්, ඔබට හැකි තාක් දුරට ඔහුට සහාය වන්න. එහෙත් අවශ්‍යතාවක් නොමැතිව ඔහු දින දෙක තුනකට වඩා ඔබ සමග නොසිටිනු ඇත.

12:3 එහෙත් කර්මාන්තයෙහි දක්ෂයෙකු ලෙස ඔහු ඔබ සමග දිගටම නැවතී සිටීමට කැමති නම්, ඔහුට වැඩ කිරීමට සහ එයින් කෑම සපයා ගැනීමට ඉඩ හරින්න.

12:4 එහෙත් ඔහු කිසියම් ශිල්පයක් නොදන්නේ නම්, කිතුනුවෙකු ඔබ අතරේ නිකරුණේ ජීවත් නොවන පිණිස, ඔබේ අභිමතය පරිදි ඔබ ලබා දෙන්න.

12:5 එහෙත් ඔහු එසේ කිරීමට අකමැති නම්, ඔහු ක්‍රිස්තුස් වහන්සේ තුළ ජාවාරම්කරුවෙකි. එවැනි අයගෙන් ඈත්ව සිටින්න.

13 වන පරිච්ඡේදය

13:1 එහෙත් ඔබ අතරේ වාසය කිරීමට කැමති සෑම සැබෑ අනාගතවක්තෘවරයෙකුම ඔහුගේ සහයෝගය ඔබට ලබාදිය යුතුයි.

13:2 ඒ හා සමානවම, සැබෑ ගුරුවරයෙකු ද සේවකයෙකු ලෙස ඔහුගේ සහාය ඔබට ලබාගත හැකිය;

13: එබැවින් ඔබ මුද්‍රික යන්ත්‍රයේ සහ කමතේ සෑම අස්වැන්නකින්ම, ගවයන් සහ බැටළුවන්ගේ ප්‍රථම ඵල ගෙන, අනාගතවක්තෘවරුන්ට දෙන්න. මන්ද ඔවුන් ඔබේ ප්‍රධාන පූජකයන් වන නිසාය.

13:4 එහෙත් ඔබට අනාගතවක්තෘවරයෙකු නොමැති නම්, එය දුප්පතුන්ට දෙන්න.

13:5 ඔබ භෝජන සංග්‍රහයක් පවත්වන්නේ නම්, ආඥවට අනුව ප්‍රථම ඵල ලබා දෙන්න.

13:6 එලෙසම ඔබ මිදියුස හෝ තෙල් භාජනයක් විවෘත කරන විට, එයින් පළමු ඵල ගෙන අනාගතවක්තෘවරුන්ට දෙන්න.

13:7 ඔබට හොඳ යැයි පෙනෙන පරිදි මුදල්, ඇඳුම් පැලඳුම් සහ සෑම වස්තුවකම පළමු ඵලද ගෙන, ආඥවට අනුව එය දෙන්න.

14 වන පරිච්ඡේදය

14:1 එහෙත් ස්වාමීන් වහන්සේගේ දවසේදී, ඔබ එකට රැස් වූ පසුව, රොටි කඩා ස්තුති කරන්න, ඊට අමතරව ඔබේ පූජාව පවිත්‍ර වන පිණිස ඔබේ පව් පාපෝච්චාරණය කරන්න.

14:2 එහෙත්, ඔබේ පූජාව අපවිත්‍ර නොවන පිණිස තම සගයා සමග ආරවුලක් ඇති කිසිවෙකුත් ඔවුන් සමගි වන තුරු ඔබ සමග එක් නොවිය යුතුය.

14:3 එය ස්වාමීන් වහන්සේ විසින් පවසන ලද දේය. එනම් සෑම තැනකදීම සහ කාලයකදී මට නිර්මල පූජාවක් ඔප්පු කරන්න, මක්නිසාද මම ශ්‍රේෂ්ඨ රජ කෙනෙකි, මාගේ නාමය අන්‍යජාතීන් අතරේ පුදුමාකාර වේ, යනුවෙන් ස්වාමීන්වහන්සේ කියන සේක.

15 වන පරිච්ඡේදය

15:1 ඒ නිසා, ඔබ වෙනුවෙන් ස්වාමින් වහන්සේට සුදුසු, මොළොක් හා අන් අයගේ දේවලට ආශා නොකරන, එසේම සැබෑ සහ යහපත් යයි පිළිගන්නා ලද මිනිසුන් රදගුරුවරුන් හා උපස්ථායකයන් ලෙස තෝරාගන්න, ඔවුහු ඔබ වෙනුවෙන් අනාගතවක්තෘවරුන්ගේ සහ ගුරුවරුන්ගේ සේවය ඉටු කරන්නෝය.

15:2 ඒ නිසා, අනාගතවක්තෘවරුන් සහ ගුරුවරුන් ඇතුළුව, ඔවුන් ඔබ අතර ගෞරවයට පත් අය නිසා ඔවුන් හෙළා නොදකින්න.

15:3 ශුභාරංචියේ ඔබට ආඥාවක් ඇති ආකාරයට කෝපයෙන් නොව සාමයෙන් එකිනෙකාට තරවටු කරන්න. එහෙත් කිසිවෙකු අපිළිවෙළට හැසිරෙන අයෙකු ගැන තමාගේ අසල්වාසියා සමග කතා නොකරන්න, ඔහු පසුතැවිලි වන තුරු ඔහුට සවන් නොදෙන්න.

15:4 එහෙත් ඔබගේ යාච්ඤාවන් සහ ඔබගේ දනමය දීමනා සහ ඔබගේ සියලු ක්‍රියා අපගේ ස්වාමීන් වහන්සේගේ ශුභාරංචියේ ඔබට ආඥා කර ඇති ආකාරයට සිදු කරන්න.

16 වන පරිච්ඡේදය

16:1 ඔබේ ජීවිතය ගැන පරෙස්සම් වන්න; ඔබේ පහන් නිවී නොතිබේවා, ඔබේ ඉගපටිය බුරුල් වී නොතිබේවා, එහෙත් ඔබ සූදනම්ව සිටින්න. මන්ද ස්වාමින් වහන්සේ පැමිණෙන පැය කුමක්ද යන්න ඔබ නොදන්නෙහිය.

16:2 එහෙත්, ඔබේ ආත්මයට සුදුසු දේ සොයමින් ඔබ නිතර නිතර එක්රැස් වන්න; මන්ද අවසාන කාලයේදී ඔබගේ සම්පූර්ණ වීම මිස, ඔබේ ඇදහිල්ලේ මුළු කාලයම ඔබට ප්‍රයෝජනයක් නොවනු ඇත.

16:3 අන්තිම දවස්වලදී බොරු අනාගතවක්තෘවරුන් සහ පොලඹවන්නන් වැඩි වනු ඇත, බැටළුවන් වෘකයන් බවට පත් වනු ඇත, ප්‍රේමය වෛරය බවට පත් වනු ඇත.

16:4 නපුර බහුල නිසා ඔවුන් එකිනෙකාට වෛර කරනු ඇත, එකිනෙකාට පීඩා කරනු ඇත, එසේම එකිනෙකා පාවා දෙනු ඇත. එවිට ලෝකයේ රැවටිලිකාරයා දෙවියන් වහන්සේගේ පුත්‍රයා ලෙස පෙනී සිටිමින් ලකුණු හා ආශ්චර්යයන් සිදු කරනු ඇත, පොළොව ඔහුගේ අතට භාර දෙනු ලබනවා ඇත. ලෝකයේ ආරම්භයේ සිට කිසිද සිදු නොවූ ලෙස ඔහු නීති විරෝධී දේවල් කරනු ඇත.

16:5 එවිට මිනිසාගේ මැවීම ඔප්පු කිරීමේ ගිනිමය පරීක්ෂණයට පැමිණෙනු ඇත, බොහෝ අය පැකිළීමට පත් වී විනාශ වනු ඇත. එහෙත් ඔවුන්ගේ ඇදහිල්ලෙහි පවතින්නාවූ අය පැකිළීම නමැති පර්වතයෙන් ගැලවෙනු ඇත.

16:6 එයට පසුව සත්‍යයේ සලකුණු දිස්වනු ඇත. පළමුව ස්වර්ගයේ සිටීමේ දෘශ්‍යමාන ලකුණ, පසුව හොරණෑවේ ශබ්දයේ ලකුණ සහ තෙවනුව මළවුන්ගේ නැවත නැඟිටීමේ ලකුණ.

16:7 පවසා ඇති පරිදි, සියල්ලන්ම නොව, ස්වාමින් වහන්සේ සහ උන් වහන්සේ සමග උන් වහන්සේගේ සියලු ශුද්ධවන්තයන් පැමිණෙනු ඇත.

16:8 එවිට ස්වාමින් වහන්සේ අහසේ වලාකුළු මත පැමිණෙන බව ලෝකයා දකිනු ඇත.